Jutta Nowak

# Nähen mit
# TAFELSTOFF

# Tafel-Look zum Nähen

Tafelstoff? Ja, Tafelstoff! Es gibt den angesagten Tafel-Look jetzt auch zum Nähen. Tafelstoff ist ein Baumwollgewebe, das einseitig mit einer Tafeloberfläche beschichtet ist. Er lässt sich leicht zuschneiden, stanzen, lochen und vor allem nähen. Egal, ob mit der Hand oder der Nähmaschine, der flexible Stoff macht so gut wie alles mit. Von klein bis groß, von der einfachen Idee bis zum ausgefallenen Designstückchen, als Hingucker für Tisch und Raum – Tafelstoff ist ein echtes Multitalent für ganz unterschiedliche Do-it-yourself-Projekte. So vielseitig er bereits solo ist: Spannend ist, Tafelstoff mit kontrastierenden Materialien wie Kork, Holz, Filz und anderen Stoffen zu kombinieren.

Und nach dem Nähen kommt die Kür: das Beschriften mit Kreide. Das geht ganz easy. Und wenn es nicht auf Anhieb gelingt, lässt sich das Geschriebene im Handumdrehen wegwischen und neu gestalten.

Das Ergebnis ist in jedem Fall ein echtes Unikat. Und zwar eins, das Sie immer wieder nach Ihren Wünschen individuell verändern können. Mir macht Tafelstoff richtig viel Spaß. Vielleicht wird er auch Ihr neuer Kreativliebling?

Viel Freude beim Entdecken, Ausprobieren, Nähen und Beschriften!

Jutta Nowak

Alle Vorlagen in Originalgröße finden Sie auch zum Download auf christophorus-verlag.de

# Inhalt

# Material & Technik

## TAFELSTOFF

Der Tafelstoff, der für die Modelle in diesem Buch verwendet wurde, besteht zu 95 % aus Baumwolle. Diese ist einseitig mit einer Tafeloberfläche beschichtet. Es gibt den Stoff als Meterware von der Rolle in vier Breiten (6 cm, 12 cm, 25 cm und 50 cm), als flexibles, stabiles Gewebe und als selbstklebende Variante.
Es gibt Tafelstoff klassisch in Schwarz, aber auch in anderen Farben. Tafelstoff kann mit Kreide immer wieder neu beschriftet werden. Kreidemarker sollten jedoch nicht zum Einsatz kommen, denn die flüssige Farbe dringt in das offenporige Gewebe ein und lässt sich unter Umständen nicht rückstandsfrei entfernen. Normale Tafelkreide hingegen ist problemlos mit einem feuchten Tuch wegzuwischen. Sie können den Stoff sogar von Hand waschen. Das garantiert eine lange Beschreibbarkeit und ermöglicht viele Projekte.

## VERARBEITUNGSTIPPS

**VOR DER VERARBEITUNG:** Den Tafelstoff mit einem feuchten Tuch abwischen und von links bei niedriger Temperatur bügeln. So liegt er glatt und lässt sich besser zuschneiden. Wer auf Nummer sicher gehen möchte, legt ein Baumwolltuch zwischen Tafelstoff und Bügeleisen.

**ZUSCHNEIDEN:** Gerade Kanten können Sie leicht und sauber mit einem Rollschneider zuschneiden. Für Rundungen, kurze Abschnitte, Aus- oder Einschnitte vorzugsweise eine Schneiderschere, eine spitze, kleine (Stick-)Schere oder ein feines Cuttermesser verwenden.

**KANTEN:** Der Tafelstoff hat glatte Schnittkanten und franst nicht aus, ein Umsäumen ist nicht erforderlich. Für einen lässigen Look können Sie den Tafelstoff an den Kanten aber von Hand ausfransen. Dazu einzelne Fäden aus dem Gewebe herausziehen (den Fadenanfang zum Beispiel mit einer kleinen Scherenspitze lösen).

**NÄHEN:** Das Gewebe lässt sich leicht mit der Nähmaschine nähen. Verwenden Sie am besten ein hochwertiges Universalgarn. Die Wahl der passenden Nadel hängt von der Schwere und Dicke der Stoffkombinationen ab. Zum Vernähen von Tafelstoff und leichten bis mittelschweren Stoffen reicht eine Universalnadel der Stärke 80. Die Stichlänge sollte 2,5 nicht unterschreiten, da das Gewebe sonst zu stark perforiert wird. Interessante Effekte lassen sich durch das Nähen mit Zierstichen erzielen. Probieren Sie die verschiedenen Möglichkeiten auf einem Reststück aus.
Alle Nähte am Nahtanfang und -ende immer durch mehrmaliges Vor- und Zurücknähen verriegeln.
Der Standardfuß Ihrer Nähmaschine reicht zum Nähen der Modelle aus. Beim Einnähen von Reißverschlüssen ist ein Reißverschlussfuß hilfreich: So können Reißverschlüsse knapp entlang der Reißverschlusszähnchen eingenäht werden.

**BÜGELEINLAGEN:** Einige Modelle erfordern einen festeren Griff, mehr Volumen oder auch Standfestigkeit.

Dazu Bügeleinlagen mit entsprechenden Eigenschaften verwenden; Herstellerangaben sind am Rand der Einlagen meist aufgedruckt. Wichtig ist, dass die so verstärkten Gewebe vor dem Weiterverarbeiten gut auskühlen.

**ÖSEN:** Tafelstoff kann leicht und ohne Gefahr des Einreißens mit Ösen, Nieten und Druckknöpfen versehen werden.

**HINWEIS:** Die folgenden Grundmaterialien sind grundsätzlich erforderlich und werden in den Anleitungen nicht gesondert aufgeführt.

### GRUNDMATERIAL

- Nähmaschine inklusive Zubehör
- Nähgarn
- Nähnadeln
- Stecknadeln
- Stoffklammern
- Stoffschere
- kleine, spitze (Stick-) Schere
- Rollschneider
- feines Cuttermesser
- Schneidematte
- Patchworklineal
- Maßband
- Schnittmusterpapier
- Stift, Bleistift
- Schneiderkreide, Markierstift

# Platz für Lesestoff

**GESTECKTES UTENSILO** · 39 x 26 cm, 12,5 cm hoch

## MATERIAL

- Tafelstoff in Schwarz: 50 x 90 cm
- (Woll-)Filz in Hellgrau meliert, 3 mm stark: 50 x 90 cm
- Nähgarn in Hellgrau

## SO WIRD'S GEMACHT

**1** Tafelstoff und Filz nach den Maßen der Schemazeichnung mit einem Rollschneider zuschneiden. Die runden Aussparungen der Griffe mithilfe der unten abgebildeten Vorlage mit einem feinen Cuttermesser ausschneiden.

**2** Den Tafelstoff mit der Stoffrückseite auf den Filz legen, sodass die Kanten bündig sind. Mit Stoffklammern rundherum fixieren. Die beiden Stoffstücke mit einem Steppstich knappkantig (2 mm Abstand zum Rand) aufeinandernähen.

**3** Nach dem Nähen eventuell überstehenden Stoff mit einem Cuttermesser abschneiden.

**4** Das Utensilo zusammenstecken: Dazu zuerst das Mittelteil hochklappen, ein Seitenteil umklappen. Die Grifflasche durch den unteren Schlitz schieben. Das andere Seitenteil zur Mitte klappen. Die Lasche auch hier durch den unteren Schlitz führen. Den Griff dann durch die übereinanderliegenden, oberen Schlitze schieben. Die andere Seite des Utensilos genauso zusammenstecken.

## VORLAGE GRIFFAUSSPARUNG

## SCHEMAZEICHNUNG

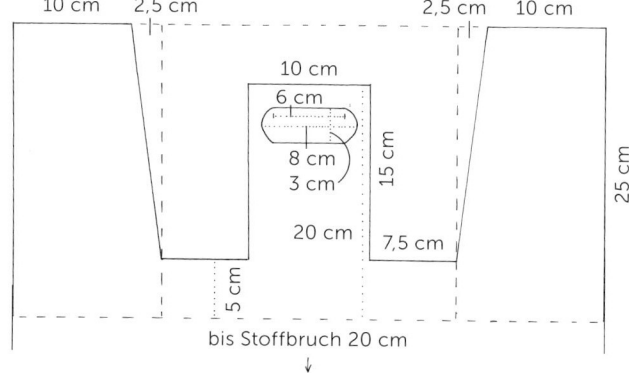

# Be beautiful!

## MATERIAL

- Tafelstoff in Schwarz: 2-mal 17 x 27 cm
- Baumwollpopeline (Futter): 2-mal 17 x 27 cm
- leichte Bügeleinlage (z. B. Vlieseline H 200): 2-mal 17 x 27 cm
- Reißverschluss in Schwarz, 25 cm lang
- Satinband in Weiß mit schwarzen Punkten, 10 mm breit, 13 cm lang
- Nähgarn in Schwarz

## SO WIRD'S GEMACHT

**1** Die Bügeleinlage nach Herstellerangaben auf den Tafelstoff bügeln und gut auskühlen lassen. Die Stoffe je 2-mal gemäß der Vorlage auf Seite 60 zuschneiden.

**2** Futter und Reißverschluss in einem Zug annähen. Dazu den Reißverschluss mit dem Zipper nach links zeigend, kantenbündig rechts auf rechts auf ein Tafelstoffstück legen. Darauf ein Stück des Baumwollstoffs ebenfalls kantenbündig anlegen (die linke Stoffseite des Futterstoffs zeigt nach oben, er liegt rechts auf rechts auf dem Tafelstoff).

**3** Den Reißverschlussfuß einsetzen. Den Reißverschluss mit ca. 0,75 cm Nahtzugabe (entspricht etwa einer Reißverschlussfußbreite) annähen. Tafelstoff und Futterstoff so wegklappen, dass nun die andere Hälfte des Reißverschlusses freiliegt.

**4** Jetzt die andere Seite des Reißverschlusses annähen. Dazu an der anderen Kante mit dem jeweils zweiten Tafelstoff- und Futterstoffteil ebenso verfahren. Die beiden Stoffstücke mit 0,75 cm Nahtzugabe am Reißverschluss annähen.

**5** Die Stoffe so umklappen, dass Tafelstoff und Futterstoff jeweils rechts auf rechts liegen. Die Einschnitte für die Ecken (siehe Vorlage) zusammennehmen, feststecken und jeweils mit 0,5 cm Nahtzugabe schließen. Stoffüberstand auf ca. 0,3 cm kürzen. Das sorgt für eine saubere Eckenform.

**6** Die Stoffe rundherum mit einer Nahtzugabe von 0,5 cm schließen. Im Futterstoff eine Öffnung von etwa 8 cm lassen. Die Kosmetiktasche wenden. Die Wendeöffnung knappkantig mit einem Steppstich schließen.

# Gut sortiert

## AUFBEWAHRUNGSKÖRBCHEN

## MATERIAL

Kleines Körbchen (14 x 13 cm, 13 cm hoch)
• Tafelstoff in Schwarz: 28 x 41 cm
• Korkstoff, strukturiert: 2-mal 28 x 21,5 cm
Großes Körbchen (18 x 18 cm, 13 cm hoch)
• Tafelstoff in Schwarz: 38 x 46 cm
• Korkstoff, strukturiert: 2-mal 38 x 24 cm
Für beide Körbchen
• Nähgarn in Schwarz

## SO WIRD'S GEMACHT

**1** Für das kleine und das große Körbchen den Tafel-stoff jeweils gemäß Schemazeichnung A im Stoffbruch zuschneiden.
Die Korkstoff-Inlays werden jeweils aus zwei Stücken zusammengenäht. Jeweils an einer langen Seite der Korkstoffstücke gemäß Schemazeichnung B zwei Quadrate ausschneiden: 6,5 x 6,5 cm für das kleine Körbchen bzw. 9 x 9 cm für das große Körbchen.

**2** Die Korkstoffstücke jeweils rechts auf rechts legen, mit Stoffklammern fixieren und mit 1 cm Nahtzugabe an der unteren Kante zusammennähen. Die Nahtzu-gabe auf 0,3 bis 0,5 cm kürzen.

**3** Die Seitennähte der Korkstoffzuschnitte schließen. Die Ecken zusammennehmen, zusammennähen. Die Nahtzugaben ebenfalls kürzen.

## SCHEMAZEICHNUNG A

Großes Körbchen (kleines Körbchen)

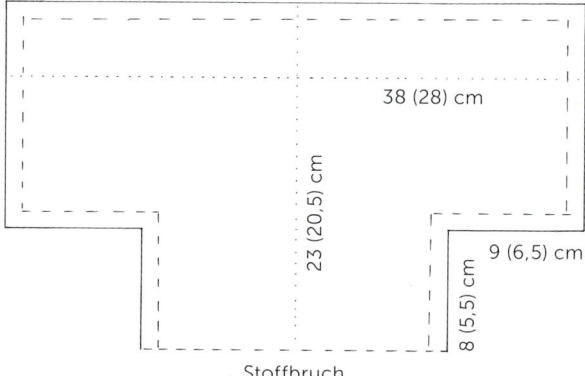

38 (28) cm

23 (20,5) cm

9 (6,5) cm

8 (5,5) cm

Stoffbruch

## SCHEMAZEICHNUNG B

Großes Körbchen (kleines Körbchen)

38 (28) cm

24 (21,5) cm

9 (6,5) cm

9 (6,5) cm

# Pflanzenliebe

## GEFÄSSHÜLLEN

## MATERIAL

Hülle A (passend für ein Gefäß mit
Ø innen 13 cm, 12,5 cm Höhe)
- Holzfurnierstoff in Stone: 2-mal 38,5 x 17 cm
- Tafelstoff in Schwarz (Label): 8 x 6 cm
- Nähgarn in Stone
- schmales Bändchen in Lederoptik in Natur,
  105 cm lang
- 8 Ösen, brüniert, Ø 5 mm
- Loch- und Ösenzange

Hülle B (passend für ein Gefäß mit
Ø innen 14,5 cm, 13 cm Höhe)
- Holzfurnierstoff in Braun: 2-mal 42,5 x 19 cm
- Tafelstoff in Schwarz (Label): 8 x 7 cm
- Nähgarn in Stone
- schmales Bändchen in Lederoptik in Braun,
  115 cm lang
- 8 Ösen, silbern, Ø 8 mm
- Loch- und Ösenzange

## SO WIRD'S GEMACHT

**1** Je Gefäßhülle aus dem Holzfurnierstoff zwei Stücke gemäß Vorlage (auf Seite 61) im Stoffbruch zuschneiden. Die Rundungen gelingen am besten mit einem feinen Cuttermesser.

**2** Die Markierungen für die Ösen von den Vorlagen jeweils auf den Stoff übertragen: an einer Seite eines Streifens die äußeren, gestrichelten Markierungen, an der gegenüberliegenden Seite des Streifens die inneren, gepunkteten Linien. Die Löcher gemäß Markierungen einstanzen. Ösen anlegen und mit der Zange zusammenklemmen.

**3** Die Streifen mittig im rechten Winkel zueinander (über Kreuz) aufeinanderlegen, die rechten Stoffseiten zeigen dabei nach oben (siehe Abbildung unten). An den Ecken mit Stoffklammern zusammenhalten.

**4** Die Streifen mit einem Steppstich (Stichlänge 3) im Quadrat aufeinandernähen.

**5** Das Tafelstofflabel mittig mit einem Dreifachsteppstich auf einen Holzfurnierstoffstreifen (bei dem die Ösen nah an der Rundung liegen) nähen.

**6** Das Label beschriften. Das Gefäß einstellen. Das Bändchen so durch die Ösen fädeln, dass jeweils der Holzfurnierstreifen, bei dem die Ösen näher an der Rundung sind, oben liegt. Das Bändchen läuft vorne und hinten unter dem Streifen, an den Seiten auf der Holzfurnierseite. Die Streifen nach dem Einfädeln nach oben klappen, zusammenziehen, das Bändchen mit einem Knoten verschließen.

# Die persönliche Note

## MATERIAL

- Korkstoff: 18 x 36 cm
- Tafelstoff in Schwarz: 11,5 x 10 cm
- Nähgarn in Schwarz
- Satinband in Schwarz mit weißen Punkten, 6 mm breit, 50 cm lang
- 2 Ösen, brüniert, Ø 5 mm
- Loch- und Ösenzange

## SO WIRD'S GEMACHT

**1** Auf die linke Seite des Korkstoffs die Sprechblase gemäß Vorlage auf Seite 60 übertragen. Achtung, sie erscheint später spiegelverkehrt. Mit einem Cutter ausschneiden.

**2** Den Tafelstoff rechts auf links auf den Korkstoff legen, sodass die Sprechblasenöffnung ausgefüllt ist. Mit Stecknadeln befestigen. Beide Stoffe knapp an der Korkstoffkante entlang mit einem Steppstich aufeinandernähen.

**3** Die Position der beiden Ösen am Rand des Korkstoffs anzeichnen: mit 9 cm Abstand zu den Seitenrändern und 1,5 cm Abstand zur schmalen Kante. Die Löcher vorstanzen. Die Ösen mit der Zange zusammenklemmen.

**4** Den Korkstoffstreifen der Länge nach links auf links legen und mit Stoffklammern zusammenhalten.

**5** Beide Seiten mit einer Ziernaht schließen (siehe Abbildung). Dabei auf eine Nährichtung achten, sonst verläuft – je nach Wahl des Stichs – das Muster in entgegengesetzte Richtungen.

**6** Die Hülle nach dem Einschieben der CD mit dem Band durch die Ösen verschließen.

# Entspannt schaukeln

## MATERIAL

Hängeampel (passend für ein Gefäß mit
Ø innen 14 cm, Ø Boden 8,5 cm, 14 cm Höhe)
- Tafelstoff in Schwarz: 43 x 14 cm
- Korkstoff, strukturiert: 43 x 14 cm
- Nähgarn in Schwarz
- Jutekordel in Natur, Ø 3 mm, 4,40 m lang
- 4 Ösen in Silber, Ø 11 cm
- Loch- und Ösenzange

## SO WIRD'S GEMACHT

**1** Für ein Gefäß der angegebenen Größe je einen
Streifen aus Tafelstoff und aus Korkstoff gemäß Vorlage
auf Seite 61 im Stoffbruch zuschneiden.
An ein beliebiges Gefäß anpassen: Ist das Gefäß deutlich
größer oder kleiner als hier angegeben, müssen die Stoffstreifen entsprechend verlängert/verkürzt bzw. auch
verbreitert/verschmälert werden, um das Gefäß sicher
zu tragen. Dazu den Gefäßboden messen und vom
Boden ausgehend mit einem Maßband die Gefäßhöhe
abmessen. So werden eventuelle Zugaben, die sich
aus Gefäßrundungen ergeben, erfasst. Damit die Ösen
freiliegen, sollten die Streifen etwa 3 cm länger als die
Gefäßhöhe sein.

**2** Die Streifen mittig im rechten Winkel zueinander
(über Kreuz) aufeinanderlegen, sodass die Rundungen
übereinanderliegen. Die rechten Stoffseiten zeigen
dabei nach oben, der Korkstoffstreifen liegt oben. Mit
Stoffklammern zusammenklammern.

**3** Die Stoffe mit einer kreisrunden Naht aufeinander-
steppen. Ein Papierkreis mit einem mindestens 1 cm
kleineren Durchmesser als der Bodendurchmesser (hier
6 cm) kann als Orientierungshilfe bei der Kreisnaht
dienen. Den Kreis mittig auf dem Korkstoffstreifen feststecken (siehe Abbildung unten).

**4** Die vier Ösen anbringen. Dazu den Sitz der Ösen mittig auf dem jeweiligen Streifen und mit etwa 1,2 cm Abstand zur abschließenden Rundung anzeichnen. Die Löcher vorstanzen, die Ösen mit der Zange zusammenpressen.

**5** Die Jutekordel in vier Stücke à 110 cm teilen. Die Stücke bis zur Mitte durch die Ösen ziehen, die Enden zusammennehmen und verknoten. Das Gefäß hineinsetzen und aufhängen.

# Stilvoll tafeln

## TISCHLÄUFER · 132 x 35 cm

## MATERIAL

- Tafelstoff in Schwarz: 25 x 120 cm
- Baumwollstoff in Natur/Stone mit grafischem Muster: 52 x 149 cm
- Nähgarn, farblich passend

## SO WIRD'S GEMACHT

**1** Den Baumwollstoff auf der linken Stoffseite rundherum zweimal nach innen umschlagen: erst 1,5 cm, dann 8,5 cm (vom Rand gemessen), danach umbügeln. Die inneren Bügellinien sind später die fertigen Kanten.

**2** Briefecken arbeiten. Dazu die Ecken diagonal bis zum Eckpunkt der inneren Bügelkante nach innen falten. Die Kanten bügeln und wieder aufklappen. Den Stoff

mit 1,5 cm Abstand parallel zum Bügelsaum abschneiden (siehe Abb. 1).

**3** Alle Seiten mit einem Zickzackstich versäubern.

**4** Den Stoff an einer Ecke rechts auf rechts legen, sodass die diagonale Bügelnaht hälftig aufeinanderliegt. Feststecken und genau in der Bügellinie zusammensteppen (siehe Abb. 2). Alle Ecken auf diese Weise nähen, dann auf rechts wenden.

**5** Der Baumwollstoff liegt nun mit der Öffnung nach oben (siehe Abb. 3). Den Tafelstoff in die Öffnung einlegen, feststecken und rundherum mit einer Steppnaht festnähen.

# Schöner schenken

## MATERIAL

- Tafelstoff in Rot: 50 x 34 cm
- Leinenstoff: 2-mal 21 x 34 cm
- (Holz-)Knopf
- Satinband in Rot, 3 mm breit, 30 cm lang
- Nähgarn in Rot

## SO WIRD'S GEMACHT

**1** Den Tafelstoff gemäß der Schemazeichnung auf Seite 28 im Stoffbruch zuschneiden.

**2** Beide Leinenstoffstücke rundherum mit einem Zickzackstich versäubern. Dann jeweils entlang einer langen Kante 0,5 cm nach innen umschlagen und umbügeln. Die beiden anderen langen Kante erst 0,5 nach innen umschlagen, dann noch einmal 1,5 cm (vom Rand gemessen) und ebenfalls umbügeln (Abb. 1).

**3** Die Leinenstoffstücke an der Seite mit einfachem Saum mit 1 cm Überstand in Verlängerung auf die rechte Tafelstoffseite legen und feststecken. Beide Stoffe mit einem (wellenförmigen) Zierstich aufeinandernähen (siehe Abb. 2).

**4** Das Stoffstück im Stoffbruch rechts auf rechts legen, die Seiten mit Stoffklammern zusammennehmen. Den umgebügelten Saum aufklappen und mit festklammern. Die Seiten mit jeweils 1 cm Nahtzugabe zusammensteppen.

**5** Die Bodenecken zusammennehmen, mit Stoff-klammern fixieren und mit 1 cm Nahtzugabe mit einem Steppstich schließen (siehe Abb. 3).

**6** Die Tasche auf rechts drehen. Den Saum entlang der Bügellinien einklappen, feststecken und mit 1 cm Abstand zur Kante rundherum feststeppen.

**7** Für eine herausgearbeitete Form den Stoff an den seitlichen und an den vorderen, unteren Kanten knapp mit Stoffklammern zusammenfassen und jeweils mit einer durchgängigen Naht auf beiden Taschenseiten feststeppen. Leichter geht es mit drei einzelnen Näh-ten auf jeder Seite.

**8** Den Stoff zusammenrollen und so die Position des Knopfes und des Bändchens festlegen. Mit Stecknadeln markieren. Knopf und Bändchen mit ein paar Hand-stichen annähen.

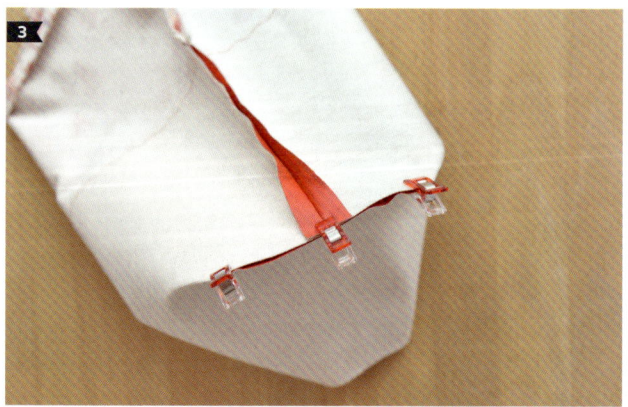

SCHEMAZEICHNUNG

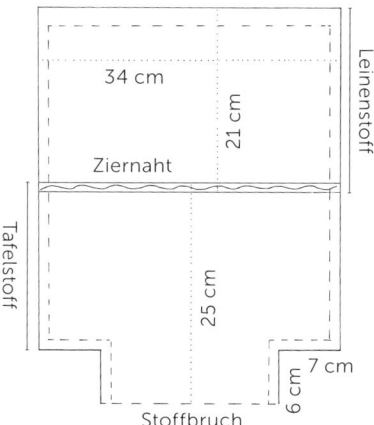

34 cm

21 cm

Leinenstoff

Ziernaht

Tafelstoff

25 cm

7 cm

6 cm

Stoffbruch

# In bester Ordnung

## MATERIAL

- Korkplatte, 10 mm stark: Ø 18,5 cm
- Holztablett, 40 mm stark: Ø 26 cm
- Korkplatte, 20 mm stark: Ø 30 cm
- Tafelstoff in Schwarz: Ø 18 cm, Ø 25 cm und Ø 30 cm
- Baumwollstickgarn in Weiß, Mint und Hellgrün
- Sticknadel
- 4 kurze, geschwärzte Flachkopfnägel
- Akkuschrauber
- Holzbohrer, 2 mm
- Papier für Bohrschablonen
- Bänder zum Aufhängen: ca. 100 cm Band mit Leinensteppkante in Mint, 12 mm und ca. 100 cm Satinband mit Punkten in Hellgrün, 10 mm

## SO WIRD'S GEMACHT

### VORBEREITUNG DER UTENSILOS

Die Tafelstoffkreise (Ø 18 cm, Ø 25 cm und Ø 30 cm) wie folgt weiter zuschneiden: für das kleine Utensilo vom Kreisrand 12,5 cm abmessen, für das mittelgroße 16 cm und für das große Utensilo 18,5 cm. Jeweils auf dieser Linie teilen, sodass ein dreiviertelrunder Zuschnitt von 12,5 cm, 16 cm bzw. 18,5 cm Höhe entsteht.

Dem Holztablett- bzw. den Korkplattendurchmessern entsprechende Schablonen auf Papier aufzeichnen.

Auf den Papierkreisen die Eckpunkte der jeweiligen Tafelstoffzuschnitte markieren.

### KLEINES UTENSILO (KORK)

**1** Auf die Papierschablone mit etwa 0,5 cm Abstand zum Rand Punkte in Reihe anzeichnen. Der Abstand der einzelnen Punkte zueinander beträgt etwa 0,8 cm. (Die Punkte liegen zwischen den Markierungen für den Tafelstoffzuschnitt.) Die Schablone auf die Korkplatte legen, durch die Papierschablone an den Markierungen Löcher in die Korkplatte bohren.

**2** Den Tafelstoffzuschnitt auf dem durchlöcherten Teil der Korkplatte mit einem kleinen Abstand zum Rand auflegen. Stickgarn in Hellgrün einfädeln. Den Tafelstoff mit einem Steppstich auf die Platte nähen.

**3** Auf der Höhe, auf der die Tafelstoffauflage endet, beidseitig kleine Löcher in den Seitenrand der Korkstoffplatte bohren. Das Satinband an den Enden etwa 1 cm nach innen einschlagen, anlegen. Die Flachkopfnägel durch das Band in die vorgebohrten Löcher stecken.

### MITTELGROSSES UTENSILO (HOLZ)

**1** Auf die Papierschablone eine Reihe Punkte mit etwa 1,5 cm Abstand zum Rand anzeichnen. Der Abstand der einzelnen Punkte zueinander beträgt etwa 1 cm. Die Punkte liegen zwischen den Markierungen für den Tafelstoffzuschnitt. Eine zweite Reihe Punkte mit 1 cm

Abstand parallel zur ersten Reihe anzeichnen. Die innen liegenden Punkte befinden sich auf gleicher Höhe wie die der ersten Reihe. Die Schablone auf das Holztablett legen, durch die Papierschablone an den Markierungen Löcher in das Holztablett bohren.

**2** Den Tafelstoffzuschnitt auf dem durchlöcherten Teil des Holztabletts mit etwa 1 cm Abstand zum Rand auflegen. Stickgarn in Weiß einfädeln. Den Tafelstoff Stück für Stück mit Kreuzstich auf der Platte aufnähen, dabei nicht glatt ziehen, sondern mit etwas Spiel zur Holzfläche anlegen. So bleibt ausreichend Platz zum Befüllen des Utensilos.

**3** Die Tablettunterseite ist die Auflagefläche für den Tafelstoff, der Rand der Oberseite dient als Aufhängemöglichkeit.

**GROSSES UTENSILO (KORK)**

**1** Auf die Papierschablone eine Reihe Punkte mit etwa 1 cm Abstand zum Rand anzeichnen. Der Abstand der einzelnen Punkte zueinander beträgt etwa 1 cm. Die Punkte liegen zwischen den Markierungen für den Tafelstoffzuschnitt. Eine zweite Reihe Punkte mit 1 cm Abstand parallel zur ersten Reihe anzeichnen. Die innen liegenden Punkte liegen versetzt zu denen der ersten Reihe. Die Schablone auf die Korkplatte legen, durch die Papierschablone an den Markierungen Löcher in die Korkplatte bohren.

**2** Den Tafelstoffzuschnitt auf dem durchlöcherten Teil des Holztabletts mit etwa 1 cm Abstand zum Rand auflegen. Stickgarn in Mint einfädeln. Den Faden durch das erste Loch der äußeren Reihe auf der linken Seite führen. Durch den Tafelstoff stechen, in das erste Loch der zweiten Reihe zurückstechen. Von unten in das zweite Loch der ersten Reihe nach oben stechen, oben durch das zweite Loch der zweiten Reihe zurück, usw. Durch die versetzt angeordneten Löcher ergibt sich ein schräg verlaufendes Stichbild. Auch hier den Tafelstoff beim Annähen nicht glatt ziehen, sondern mit etwas Spiel zur Korkfläche anlegen.

**3** Auf der Höhe, auf der die Tafelstoffauflage endet, beidseitig kleine Löcher in den Seitenrand der Korkstoffplatte bohren. Das Band mit Leinensteppkante an den Enden etwa 1 cm nach innen einschlagen, anlegen. Die beiden Flachkopfnägel durch das Band in die vorgebohrten Löcher stecken.

**TIPP**

Nehmen Sie es mit den Abständen der Sticklöcher nicht zu genau. Kleine Unregelmäßigkeiten verstärken den lässigen Handmade-Charakter.

# Festbotschaft

## MATERIAL

Für zwei Ketten mit je acht Wimpeln
(Wimpelkette inkl. Bandaufhängung 198 cm lang,
Wimpel 20 cm hoch, 12 cm breit)

- Tafelstoff in Schwarz: 2-mal 12 x 160 cm
- Jacquardband in Grau-Weiß-Schwarz
  gepunktet: 2-mal 210 cm
- Nähgarn in Grau

## SO WIRD'S GEMACHT

**1** Den Tafelstoff in 16 Stücke von 20 cm Länge schneiden. Hierzu am besten 12 cm breite Rollen verwenden.

**2** Für den ersten Wimpel von einer schmalen Seite und den beiden langen Seiten 6 cm abmessen und auf der linken Stoffseite markieren. Diesen Punkt jeweils mit der linken und der rechten Ecke verbinden (im 45°-Winkel). Die Spitze mit einem Rollschneider ausschneiden. Die weiteren Wimpel ebenso zuschneiden.

**3** Das Band mit der rechten Seite nach oben auf die Arbeitsfläche legen. Den ersten Wimpel (die schwarze Seite zeigt nach oben) mit 50 cm Abstand zum Bandende feststecken, sodass die Kante des Wimpels knapp über der Hälfte der Bandbreite liegt. Den nächsten Wimpel mit 2 cm Abstand zum ersten anlegen und feststecken. Mit den restlichen Wimpeln und dem zweiten Band ebenso verfahren.

**4** Mit einem Steppstich knappkantig entlang der Kante des Bandes alle Wimpel mit einer durchgängigen Naht annähen; am besten in der vorhandenen Steppnaht des Jacquardbandes nähen.

**5** Zum Aufhängen die Bandenden jeweils zu einer 5 cm langen Schlaufe legen. Dabei die Bandenden nach innen einklappen und damit die Schnittkanten der Bänder gegen das Aufribbeln sichern. Die Schlaufe mit ein paar Stichen festnähen.

## TIPP

Wimpelketten sehen – je nach Anlass – auch mit Wimpeln in Dreiecks-, Herz- oder Sternform toll aus. Sie sind echte Hingucker im Raum und eine schöne Dekoration für jede Party.

# Stylish shoppen

## MATERIAL

- stabiler Jacquardstoff in Schwarz-Weiß: 66 x 94 cm
- Korkstoff: 66 x 25 cm, 21 x 4 cm und 4 x 4 cm
- Tafelstoff in Schwarz: 28 x 21 cm und 4 x 4 cm
- Baumwoll-Gurtband in Schwarz, 38 mm breit, 2-mal 125 cm
- Magnetverschluss zum Einstecken, Ø 18 mm
- (Kombi-)Zange (zum Umbiegen der Magnetverschlussstifte)
- Nähgarn in Schwarz

## SO WIRD'S GEMACHT

**1** Den Jacquardstoff und den Korkstoff (66 x 25 cm) zur Bodenverstärkung entsprechend den Schemazeichnungen A und B auf Seite 36 je 1-mal im Stoffbruch zuschneiden.

**2** Den Jacquardstoff an den Seiten und den Ausschnitten für die Ecken mit einem Zickzackstich versäubern. An den oberen Kanten jeweils einen Saum einbügeln: zuerst 1 cm, dann 4 cm (vom Rand gemessen) nach innen einschlagen.

**3** Auf einer schmalen Seite des 28 x 21 cm großen Tafelstoffstücks ebenfalls einen Saum einbügeln: zuerst 1 cm, dann 5 cm (vom Rand gemessen) nach innen einschlagen.

**4** Für den Verschluss der Außentasche (siehe Abb. 1) das Unterteil des Magnetverschlusses mittig auf dem Korkstoffstreifen (21 x 4 cm) anbringen. Dazu die Position der Metallstifte anzeichnen (als Schablone dient am besten das Metallplättchen des Verschlusses) und mit einem feinen Cuttermesser einschlitzen. Das Korkstoffquadrat (4 x 4 cm) ebenfalls mittig mit Schlitzen für die Magnetstifte versehen. Die Stifte zuerst durch die Schlitze des Korkstoffstreifens (der Magnet sitzt auf der rechten Korkstoffseite), dann durch die Schlitze des Korkstoffquadrats schieben. Das sorgt für zusätzliche Stabilität und dafür, dass auch bei häufigem Öffnen des Verschlusses nichts einreißt. Das runde Metallplättchen auflegen und die Magnetstifte mit der Zange nach innen umbiegen.

**5** Das Oberteil des Magnetverschlusses am Saum des Tafelstoffzuschnitts anbringen. Den Bügelsaum dazu aufklappen. Die Position der Magnetstifte mittig auf dem 4 cm breiten Stück des Saums anzeichnen und einschlitzen. Das Tafelstoffquadrat ebenfalls mittig einschlitzen. Die Metallstifte zuerst durch den Tafelstoffsaum schieben. Das Tafelstoffquadrat auflegen, die Stifte durch die Schlitze führen. Das Verschlussplättchen und die Magnetstifte mit der Zange nach innen umbiegen. Unbedingt darauf achten, dass das Oberteil des Verschlusses auf der rechten Seite des Tafelstoffs, aber zum Inneren der Tasche zeigend, angebracht wird. Den Saum der Außentasche absteppen.

**6** Den Korkstoffstreifen mit Magnetverschlussunterseite auf einer Seite des Jacquardzuschnittes auflegen: mit 22,5 cm Abstand zu den Seiten und 8 cm Abstand zum umgebügelten Saum. Den Saum feststecken und knappkantig feststeppen.

**7** Die Tafelstoffzuschnitte auf dieselbe Taschenseite legen – ebenfalls mit 22,5 cm Abstand zu den Seiten und 8 cm Abstand zum eingebügelten Saum, sodass der Magnetverschluss schließt. Die Außentasche feststecken, an den Seiten und unten knappkantig mit einem Steppstich annähen.

**8** Alle Gurtbandenden mit einem Zickzackstich versäubern. Ein Gurtband auf der Stoffseite mit Außentasche zum Henkel legen und feststecken: mit 20 cm Abstand zu den Seiten und knapp 2 cm über die untere Kante der Tafelstofftasche hinaus. Das Gurtband knappkantig an den Enden und knapp an den Seitenkanten entlang feststeppen. Die Seitennähte etwa 6 cm unterhalb des eingebügelten Jacquardstoffsaumes enden lassen. Das zweite Gurtband mit den gleichen Abständen auf der anderen Taschenseite anlegen, feststecken und annähen.

**9** Den Korkstoff zur Bodenverstärkung bündig auf die rechte Stoffseite des Jacquardzuschnitts legen, mit Stoffklammern befestigen (siehe Abb. 2) und rundherum knappkantig feststeppen.

**10** Den Jacquardzuschnitt im Stoffbruch rechts auf rechts legen, den Bügelsaum aufklappen, die Seiten zusammenstecken. Die Seitennähte mit 1 cm Nahtzugabe zusammensteppen. Dann die Ecken zusammennehmen und mit 1 cm Nahtzugabe schließen (siehe Abb. 3, hier an der gewendeten Tasche). Die Seitennähte seitlich aufklappen, glatt bügeln, den Taschensaum wieder einschlagen, evtl. noch einmal bügeln.

**11** Die Tasche wenden und den Saum rundherum knapp 3 cm breit absteppen. Die Gurtbänder an den offenen Seiten und oben (auf Höhe des Taschenrandes) annähen.

### SCHEMAZEICHNUNG A
Taschenkörper aus Jacquardstoff

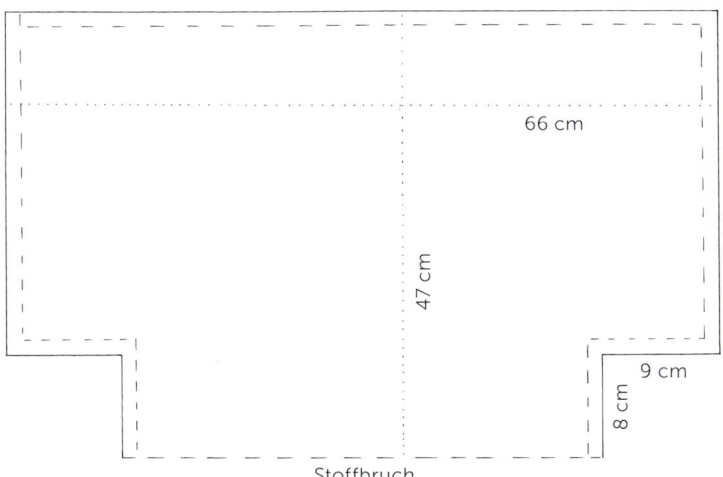

66 cm

47 cm

9 cm

8 cm

Stoffbruch

### SCHEMAZEICHNUNG B
Bodenverstärkung aus Korkstoff

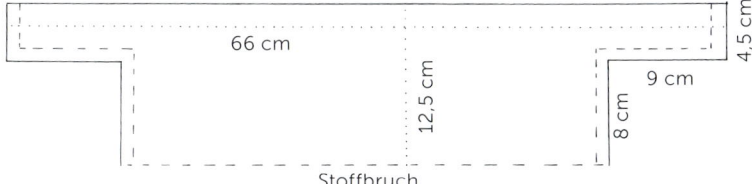

66 cm

4,5 cm

12,5 cm

9 cm

8 cm

Stoffbruch

# Für Wäsche und Co.

## MATERIAL

- Tafelstoff in Grün: 42 x 96,5 cm und ein kreisrunder Zuschnitt mit Ø 32 cm
- Baumwollstoff, gemustert: 42 x 96,5 cm, 16 x 75 cm und ein kreisrunder Zuschnitt mit Ø 32 cm
- dickes Volumenvlies (z. B. Vlieseline H 640): 42 x 96,5 cm und ein kreisrunder Zuschnitt mit Ø 32 cm
- leichte Schabrackeneinlage (z. B. Vlieseline S 320): 42 x 96,5 cm und ein kreisrunder Zuschnitt mit Ø 32 cm
- Band mit Leinenkante in Mint, 15 mm breit, 75 cm lang
- Nähgarn in Grau

## SO WIRD'S GEMACHT

**1** Das Volumenvlies nach Herstellerangaben auf die Rückseite der Tafelstoffzuschnitte aufbügeln. Die Schabrackeneinlage nach Herstellerangaben auf die linke Seite der Baumwollstoffzuschnitte aufbügeln. Alles gut auskühlen lassen.

**2** Den Griff des Wäschesacks vorbereiten. Dazu den Stoffstreifen (16 x 75 cm) von beiden langen Seiten jeweils bis zur Mitte nach innen umschlagen, Kanten einbügeln. Den Stoffstreifen noch einmal der Länge nach zur Hälfte falten und bügeln. Entlang der Längs-seiten mit etwa 3 mm Abstand zum Rand absteppen. Das Band mittig auf den Stoffstreifen legen und mit zwei Nähten ganz knapp an den Leinenkanten entlang annähen (siehe Abb. 1).

**3** Das Tafelstoffrechteck (42 x 96,5 cm) rechts auf rechts zur Hälfte falten, sodass die Schmalseiten genau aufeinanderliegen, mit Stoffklammern befestigen. Mit 1 cm Nahtzugabe zusammennähen. Den rechteckigen Baumwollzuschnitt auf die gleiche Weise zum Tunnel schließen.

**4** In beide Tunnel den jeweils passenden Boden ein-nähen. Dazu den Kreis grob mit Stoffklammern in der Öffnung des Stofftunnels befestigen. Den Boden dann in kleinen Abschnitten genau bündig an der Kante des Stofftunnels anlegen, festklammern, mit

1 cm Nahtzugabe zusammensteppen. Auf diese Weise Stück für Stück den ganzen Boden in die Öffnung einnähen (siehe Abb. 2).

**5** Den Tafelstoff und das Futter rechts auf rechts ineinanderstülpen, sodass sich die Verschlussnähte auf gleicher Höhe befinden. Die offenen Kanten bündig aufeinanderlegen, mit Stoffklammern gegen das Verrutschen sichern.

**6** Die Position für den Henkel festlegen und mit Stecknadeln markieren, und zwar jeweils genau ein Viertel des Kreisumfangs von der Verschlussnaht entfernt.

**7** Den Außenstoff und das Futter des Wäschesacks am oberen Rand mit 1 cm Nahtzugabe zusammennähen. Dabei um eine Stecknadelmarkierung (für den Henkel) herum eine etwa 8 cm breite Öffnung, um die andere Markierung herum eine 20 cm große Öffnung zum Wenden lassen.

**8** Den Wäschesack durch die Öffnung auf rechts wenden. Den Stoff an der kleinen Öffnung und der Wendeöffnung nach innen umschlagen, sodass eine durchgängig gleich hohe Kante entsteht. Mit Stoffklammern fixieren. Den Henkel an den Markierungen an beiden Enden circa 1,5 cm in den Stofföffnungen verschwinden lassen, feststecken.

**9** Den Rand des Wäschesacks rundherum mit Stoffklammern in Form bringen. Die Kante rundherum mit etwa 5 mm Abstand zum Rand absteppen. Dabei wird der Henkel mit festgenäht.

### TIPP

Tafelstoff sollte nur mit Kreide beschriftet werden, damit er immer wieder neu beschrieben werden kann. Geht es aber nur um den typischen Tafel-Look, können Kreidemarker genutzt werden, vor allem bei Nähprojekten, die – wie der Wäschesack – immer den gleichen Zweck erfüllen sollen.

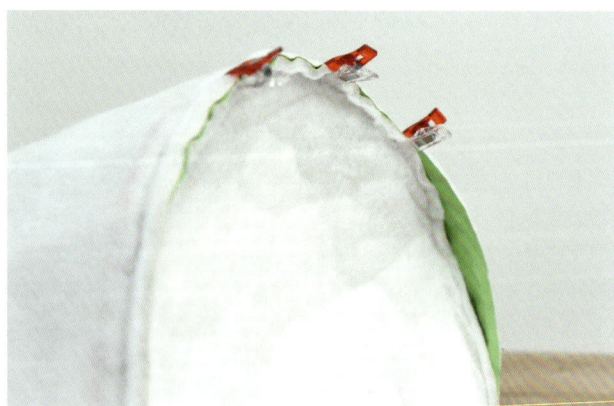

# Alles am Platz

**SCHREIBTISCHORGANIZER · 45 x 55 cm**

## MATERIAL

- MDF-Platte, 15 mm stark: 45 x 55 cm
- Sperrholzzuschnitte, 3 mm stark: 6 x 12 cm (Deckel Stiftebox) und 12 x 12 cm (Deckel Zettelbox)
- Sperrholzzuschnitte, 5 mm stark: 2-mal 3 x 12 cm und 3 x 5 cm (Seitenteile Stiftebox); 2-mal 4 x 12 cm und 4 x 11 cm (Seitenteile Zettelbox)
- Sperrholzzuschnitte, 10 mm stark: 4 x 8 cm (kleine Ablage), 4 x 25 cm (lange Ablage)
- 5 Rundhölzer, Ø 10 mm: 5,5 cm lang
- selbstklebender Tafelstoff in Schwarz: 25 x 39 cm
- (Woll-)Filz in Hellgrau meliert, 3 mm stark: 5,5 x 45 cm
- Holzlasur in Weiß, Pinsel
- (Express-)Leim, evtl. Schraubzwingen
- Akkuschrauber
- Holzbohrer, 10 mm
- Schleifpapier, 80er bis 120er Körnung
- Textilkleber, doppelseitiges Klebeband oder Heißkleber
- Bleistift zum Anzeichnen

## SO WIRD'S GEMACHT

**1** Die MDF-Platte hochkant ausrichten. Zunächst die Rundhölzer anbringen. Dazu die Bohrlöcher anzeichnen. Die folgenden Maße beziehen sich jeweils auf die Position der Bohrlochmitte: Die erste Bohrlochmitte mit 4 cm Abstand zum linken und 10 cm zum oberen Rand anzeichnen. Die nächsten drei Löcher mit jeweils 5 cm Abstand zur vorhergehenden Markierung (und 10 cm zum oberen Rand) anzeichnen. Das Bohrloch für die Scherenaufhängung bei 14,5 cm vom rechten und 19,5 cm vom oberen Rand markieren. Mit dem 10-mm-Holzbohrer die Löcher für die Rundhölzer bohren. Dabei nur gut 0,5 cm tief, nicht komplett durch die Platte bohren.

**2** Die Kanten der Rundhölzer jeweils an beiden Enden mit einem Stück Schleifpapier leicht anschrägen. So passen sie besser in die Löcher, kleinere Holzabsplitterungen werden gleichzeitig entfernt. Rundhölzer etwa 0,5 cm in die Löcher eindrehen.
Sollten sie nicht fest genug sitzen, helfen ein, zwei Tropfen Leim.

**3** Die Aufbewahrungsboxen anbringen. Für die Stiftebox das erste Seitenteil mit 2 cm Abstand zum rechten und 15 cm zum oberen Rand, parallel zur seitlichen Kante anleimen. Das 3 x 5 cm große Bodenstück im rechten Winkel und am unteren Ende innen liegend zum Seitenteil anleimen. Das zweite Seitenteil außen und im rechten Winkel ans Bodenteil anlegen. Die Oberseite der Sperrholzkanten und den Deckel knapp an den Kanten entlang mit Leim bestreichen. Den Deckel auflegen, andrücken.

**4** Für die Zettelbox das erste Seitenteil mit 4,5 cm Abstand zum rechten und 4 cm zum unteren Rand, parallel zur seitlichen Kante anleimen. Das 4 x 11 cm große Bodenstück im rechten Winkel und am unteren Ende innen liegend zum Seitenteil anleimen. Das zweite Seitenteil im rechten Winkel außen ans Bodenteil anlegen.
Die Oberseite der Sperrholzkanten und den Deckel knapp an den Kanten entlang mit Leim bestreichen. Den Deckel auflegen, andrücken.

**5** Die Ablagen anbringen. Die lange Ablage am unteren Rand mit 1 cm Abstand zum linken Seitenrand und bündig zur unteren Kante der MDF-Platte anleimen. Die kleine Ablage mit 13 cm Abstand (obere Kante des Sperrholzes) und 11 cm Abstand zum rechten Seitenrand anleimen.
Alle Verleimungen trocknen lassen.

**6** Den Organizer mit Holzlasur weißen. Trocknen lassen.

**7** Eine Seite des Filzstreifens und die obere Kante der MDF-Platte (in Breite des Filzstreifens) dünn mit Textilkleber bestreichen. Kurz antrocknen lassen, den Filzstreifen bündig zur oberen und den seitlichen Kanten auflegen, glatt streichen, trocknen lassen. Alternativ lassen sich Filzstreifen und Holzplatte auch mittels doppelseitigem Klebeband oder Heißkleber miteinander verkleben.

**8** Das Trägerpapier des Tafelstoffs an einer schmalen Seite ein Stück ablösen. Den Zuschnitt an die Kante der unteren Ablage anlegen. Das Trägerpapier stückweise lösen, den Tafelstoff aufkleben. Jede Partie beim Ankleben mit den Fingern glatt streichen.

**TIPP**
Expressleim zieht sehr schnell an, sodass ein zusätzliches Verpressen in der Regel nicht erforderlich ist. Bei Verwendung von normalem Holzleim sollten während des Trocknens Schraubzwingen angelegt werden.

# Schreib es auf!

## MATERIAL

- Tafelstoff in Schwarz: 25 x 50 cm
- gemusterter Baumwollstoff: 25 x 50 cm
- leichte Bügeleinlage (z. B. Vlieseline H 200):
  25 x 50 cm
- Band in Baumwolloptik in Petrol, 25 mm breit: 26 cm
- Band in Mint, 10 mm breit (Verschluss): 85 cm
- Öse in Silber, Ø 8 mm
- Loch- und Ösenzange

## SO WIRD'S GEMACHT

**1** Die Bügeleinlage nach Herstellerangaben auf die linke Seite des Tafelstoffs aufbügeln und auskühlen lassen.

**2** Das Band in Petrol mit 19,5 cm Abstand vom rechten Rand auf der rechten Stoffseite des Baumwollstoffs anlegen. Locker an den langen Seiten des Baumwollstoffs feststecken. Mit den Stecknadeln mindestens 1,5 cm Abstand zum Stoffrand halten.

**3** Tafelstoff und Baumwollstoff rechts auf rechts legen und mit 1 cm Nahtzugabe rundherum zusammensteppen, dabei eine Wendeöffnung auf der linken schmalen Seite des Stoffstücks lassen. Die Bandenden ggf. bündig zu den Stoffkanten einkürzen.

**4** Die Hülle auf rechts drehen. Den Stoff an der Wendeöffnung nach innen umschlagen und bügeln. Die Kanten der Buchhülle ebenfalls glatt bügeln. Die schmale Seite knappkantig absteppen, dabei gleichzeitig die Wendeöffnung verschließen.

## SCHEMAZEICHNUNG

Schemazeichnung Notizbuchhülle

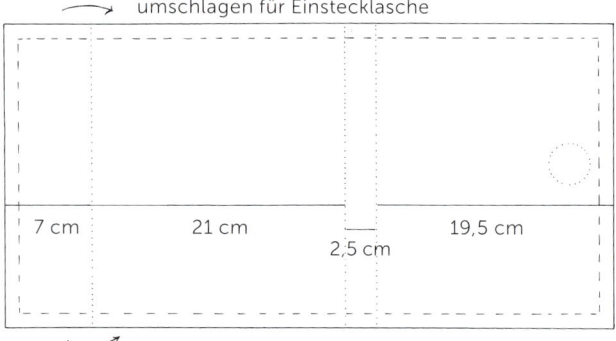

umschlagen für Einstecklasche

7 cm   21 cm   2,5 cm   19,5 cm

**5** Das Stoffstück mit der Baumwollseite nach oben legen. Die linke schmale Seite 6 cm nach innen einschlagen (Einstecklasche für das Notizbuch), mit Stoffklammern fixieren. Die Buchhülle an beiden langen und der rechten schmalen Seite mit etwa 3 mm Abstand zum Rand absteppen. Die Einstecklasche wird dabei gleichzeitig festgenäht.

**6** Die Position der Öse anzeichnen: mittig und mit etwa 2 cm Abstand zur rechten Kante. Loch vorstanzen, die Öse anlegen und mit der Zange zusammenpressen.

**7** Das Verschlussband hälftig zusammennehmen, die Schlaufe durch die Öse ziehen. Ein Bandende um die Hülle führen, zum Schließen locker mit dem anderen Ende verknoten.

# Spiel und Spaß to go

## MATERIAL

- Tafelstoff in Rot: 50 x 40 cm
- Jeansstoff (Denim) in Dunkelblau: 62 x 40 cm
- bunter Baumwollstoff mit Punkten: 40 x 13,5 cm,
  58 x 13,5 cm und ca. 215 x 4,8 cm (Einfassband;
  kann im geraden Fadenlauf zugeschnitten werden,
  je nach Stoffbreite müssen mehrere Streifen
  aneinandergenäht werden)
- Schrägbandformer, 25 mm
- Band mit Leinenkante in Hellrosa, 15 mm breit:
  2-mal 35 cm (Verschlussband)
- Nähgarn in Weiß
- einfädiges Stickgarn in Mittelrosa

## SO WIRD'S GEMACHT

**HINWEIS:** Den dunkelblauen Jeansstoff vor Gebrauch
mindestens einmal waschen, um später ein Abfärben
zu vermeiden.

**1** Den kürzeren Baumwollstoffstreifen an einer langen
Seite 1 cm breit nach innen umschlagen, feststecken.
Den längeren Baumwollstoffstreifen an einer langen
Seite doppelt nach innen umschlagen: 1-mal 0,5 cm
und 1-mal 1,5 cm breit (von der Kante gemessen). Den
Saum mit 1,3 cm Nahtzugabe absteppen.

**2** Die kleinen Kreide- und Spielzeugtäschchen nun
direkt am Bügeleisen vorbereiten. Den kürzeren Stoffstreifen nach unten legen, den oberen bündig an einer
schmalen und der langen ungesäumten Seite feststecken.
Die Taschen mit Kellerfalten vorbereiten. Kellerfalten
liegen jeweils nach innen und entstehen durch zwei
mit den Brüchen aneinanderstoßende Falten. Die erste
Tasche beginnt mit einer halben Kellerfalte. Dazu eine
Stecknadel mit etwa 1,8 cm Abstand zur schmalen Kante
längs durch beide Stoffe stecken. Die nächste Nadel
bei 3,5 cm einstecken. Den Stoff noch etwa 0,5 cm weit
führen, dann im rechten Winkel zurück in Richtung
schmale Kante legen, umbügeln. Den Stoff nach 5,5 cm
(Taschenbreite) in die andere Richtung legen, umbügeln.
Eine Stecknadel genau unter der Bügelkante einstecken
(etwa 8,5 cm vom schmalen Rand entfernt). Die nächste
Falte legen. Die Kanten der Falten liegen später genau
über den Taschennähten. So drei Taschen mit 5,5 cm
Breite (von Bügelkante zu Bügelkante) legen (siehe Abb. 1).

**3** Drei einfache, schmale Taschen mit 3,5 cm Breite legen (die erste Taschennaht ist dabei die Kellernaht der letzten Faltentasche) und feststecken. Der obere Stoff muss ein wenig Spiel haben, damit die Taschen befüllbar sind. Im Anschluss zwei einfache Taschen mit 4,5 cm Breite legen, mit Stecknadeln fixieren. Die letzte Nadel mit etwa 1,8 Abstand zur anderen schmalen Stoffstreifenseite einstecken.

**4** Die Stoffstreifen an den Stecknadelmarkierungen zusammennähen und die Seitennähte der Taschen absteppen. Die Stoffstreifen an der langen Seite zusammennähen. Dabei die einfachen Taschen jeweils mittig mit einer Minifalte versehen.

**5** Das Taschenstück mit knapp 1 cm überlappend an einer schmalen Tafelstoffseite anlegen, feststecken und mit einem Steppstich annähen. Tafelstoff mit Taschenstück und Jeansstoff links auf links legen, mit Stoffklammern zusammenhalten, rundherum mit einem Steppstich knapp an den Kanten entlang (2 bis 3 mm) aufeinandernähen.

**6** Das Einfassband vorbereiten. Da das Band gerade an den Kanten entlanggeführt und an den Ecken im rechten Winkel angelegt wird, kann es aus Stoffstreifen mit geradem Fadenlauf geformt werden. Je nachdem wie breit der Stoff liegt, müssen eventuell mehrere Stoffstreifen aneinandergenäht werden, um die Gesamtlänge von 2,10 m zu erreichen. Dazu die Stoffstreifen rechts auf rechts legen und an einer schmalen Kante zusammennähen. Die Stoffstreifen nach Herstellerangaben mithilfe des Schrägbandformers und eines Bügeleisens formen.

**7** Das Einfassband aufklappen und rechts auf rechts an einer langen Seite des Jeansstoffes anlegen, sodass die Kanten bündig übereinanderliegen. In der Bügelfalte feststecken und genau in der Bügelfalte mit einem kleinen Steppstich annähen. Dabei nicht am Ende des Einfassbandes beginnen, sondern die Naht erst mit einem Abstand von etwa 6 bis 7 cm ansetzen. So kann man Anfang und Ende des Bandes später leichter zusammennähen.

**8** Das Band bis 1,25 cm vor der ersten Ecke annähen, verriegeln. Den Stoff unter der Nähmaschine wegnehmen. Das Band im rechten Winkel wegklappen (siehe Abb. 2),

sodass eine diagonale Kante entsteht. Diese mit dem Finger glatt streichen. Den Streifen genau an der Kante in Richtung nächste einzufassende Stoffseite zurückklappen, die gerade Kante mit einer Nadel sichern (siehe Abb. 3). Das Schrägband an der nächsten Seite entlang feststecken. Die nächste Naht genau in der Bügelfalte mit einem Abstand von 1,25 cm zur Stoffkante ansetzen.

**9** Die anderen Seiten und die drei Ecken auf diese Weise mit dem Schrägband einfassen. Die letzte Naht wieder etwa 6 bis 7 cm vor dem Stoffende verriegeln. Das Stoffstück unter der Maschine wegziehen. Die Bänder stumpf auf Stoß legen, mit der Hand falzen oder bügeln. Alle Bügellinien des Schrägbandes aufklappen, rechts auf rechts legen. Die Bandenden genau im Falz zusammensteppen. Stoff auf 1 cm einkürzen (siehe Abb. 4). Die Lücke zwischen Anfang und Ende mit einer Naht schließen.

**10** Das Einfassband auf der Jeansstoffseite in Richtung Kante klappen und entlang der versteckten Naht glatt bügeln (ohne dabei den Falz wegzubügeln). Das Band um die Stoffkanten auf die Tafelstoffseite legen und feststecken. Die Ecken formen, ebenfalls feststecken. Das Einfassband beim Nähen glatt ziehen und rundherum mit etwa 2 mm Abstand mit einem kurzen Steppstich annähen. Die diagonalen Lücken an den Ecken evtl. mit ein paar Handstichen schließen (siehe Abb. 5).

**11** Ein Verschlussband etwa 1 cm nach innen umschlagen und mittig an der Stofftaschenkante anlegen, mit Handstichen annähen. Den Teppich zusammenrollen bzw. locker falten. Das andere Verschlussband positionieren, an einem Ende umschlagen, feststecken und ebenfalls mit ein paar Handstichen befestigen (Abb. 6).

# Hereinspaziert!

## MATERIAL

- gestreifter Liegestuhlstoff: 47 x 75 cm
- Tafelstoff in Schwarz: 25 x 46,5 cm
- (geweißter) Ast: etwa 58 cm lang
- Band mit Leinensteppkante in Weiß, 12 mm breit: 65 cm
- 2 Ösen in Silber, Ø 8 mm
- Loch- und Ösenzange
- Nähgarn in Weiß

**HINWEIS:** Liegestuhlstoff ist praktisch, weil er relativ schmal liegt und über schöne Webkanten verfügt, sodass er nicht versäubert werden muss. Alternativ eignet sich aber auch ein fester Canvasstoff.

## SO WIRD'S GEMACHT

**1** Den Liegestuhlstoff mit einer Spitze versehen. Dazu auf beiden langen Seiten eine Markierung bei 60 cm anzeichnen und eine in der Mitte der unteren schmalen Seite. Die Markierungen an den Seiten jeweils mit der mittigen Markierung verbinden. Die Spitze mit einem Rollschneider zuschneiden.

**2** Den Tafelstoff ebenfalls mit einer Spitze versehen. Dazu auf beiden langen Seiten eine Markierung bei 37,5 cm einzeichnen und eine in der Mitte der unteren schmalen Seite. Die Markierungen an den Seiten jeweils mit der mittigen Markierung verbinden. Die Spitze mit einem Rollschneider zuschneiden.

**3** Den Liegestuhlstoff an der geraden schmalen Seite mit einem Zickzackstich versäubern. 1 cm breit nach innen umschlagen und umbügeln, evtl. mit einigen Stecknadeln fixieren. Den Liegestuhlstoff danach an den langen Seiten 1 cm nach innen einschlagen und umbügeln. Ein weiteres Mal 2 cm nach innen einschlagen, umbügeln, evtl. feststecken.

**4** Die beiden spitz zulaufenden Kanten ebenfalls erst 1 cm innen, dann noch mal 2 cm einschlagen. Die Bügelkanten jeweils einbügeln. Die Bügelkanten an der Spitze aufklappen. Die Spitze bis zur ersten Bügelfalte gerade abschneiden, damit der Saum nicht zu dick wird. Den Saum wieder zusammenfalten, abstecken. Die Säume rundherum mit 1 cm Abstand zum Rand absteppen.

**5** Die Mitte der beiden Ösen anzeichnen: jeweils mit 8,5 cm Abstand zur schmalen und 4,5 cm zur seitlichen Kante. Löcher vorstanzen, die Ösen anlegen und mit der Zange zusammenpressen.

**6** Den Stoff an der schmalen Seite zu einem 8 cm breiten Tunnel legen (sodass die Ösen genau auf der Tunneloberseite liegen), feststecken. Den Tunnel mit einem Steppstich (mit 7,5 cm Abstand zur schmalen Kante/Tunneloberseite) zusammennähen.

**7** Den Tafelstoff mit 9 cm Abstand zum oberen Rand, 7,5 cm zu den seitlichen Kanten und 7 cm zu den Kanten der Spitze anlegen, feststecken. Den Tafelstoff rundherum mit 0,5 cm Nahtzugabe auf das gestreifte Banner steppen.

**8** Ein Bandende mit etwa 13 cm Abstand zum Astende um den Ast knoten. Den Ast in den Tunnel schieben. Das Band durch die erste Öse nach außen fädeln (siehe Abbildung). Durch die zweite Öse wieder ins Tunnelinnere. Das freie Bandende ebenfalls mit etwa 13 cm Abstand zum zweiten Astende anknoten.

### TIPP

Mit Ösen zu arbeiten ist sehr praktisch: So gelochter Stoff franst weder aus, noch reißt er ein. Die Löcher sind stabil und trotzen selbst starker Beanspruchung oder Wind und Wetter. Auch die Bandaufhängung bleibt dank der Ösen an ihrem Platz.

# Nichts vergessen!

## MATERIAL

· Baumwolljeansstoff in Blau-Weiß gestreift:
  50 x 104 cm
· Tafelstoff in Rot: 19 x 27 cm
· Gurtband in Dunkelblau, 25 mm breit: 2-mal 80 cm
· Band mit Leinenkante in Rot, 15 mm breit: 98 cm
· Nähgarn in Weiß und Dunkelblau

**HINWEIS:** Den Jeansstoff vor dem Verarbeiten waschen und bügeln.

## SO WIRD'S GEMACHT

**1** Den Jeansstoff 1-mal gemäß Schemazeichnung im Stoffbruch zuschneiden. Da die Tasche nicht gefüttert wird, die Schnittkanten mit einem Zickzackstich versäubern.

**2** Das Tafelstoffrechteck auf die rechte Stoffseite des Jeansstoffes legen, mit 15,5 cm Abstand zu den Seiten und 11 cm nach oben. Mit weißem Nähgarn feststeppen oder mit einer Ziernaht annähen.

SCHEMAZEICHNUNG

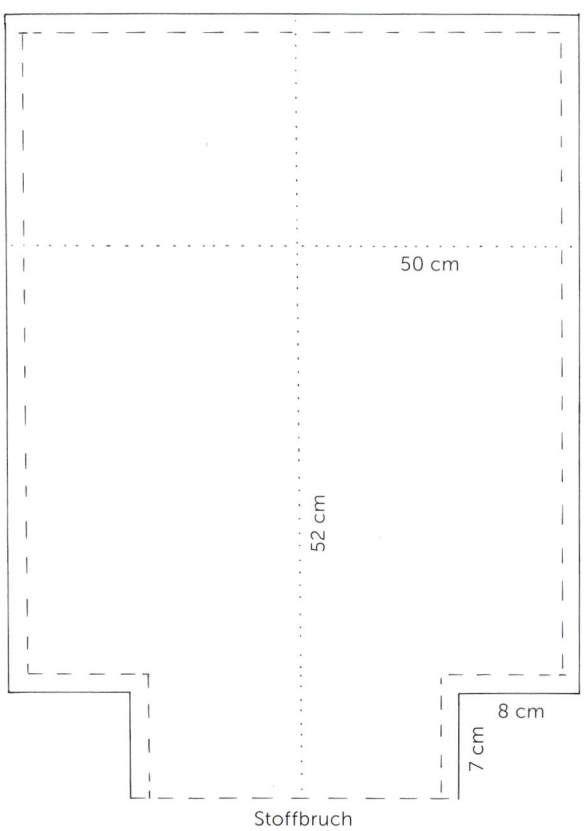

50 cm

52 cm

8 cm

7 cm

Stoffbruch

**3** Den Jeansstoff rechts auf rechts zur Hälfte zusammenlegen, mit Stecknadeln fixieren. Blaues Nähgarn einfädeln. Die Seitennähte mit 1 cm Nahtzugabe schließen. Die Ecken einklappen, feststecken und zusammennähen (siehe Abb. 1).

**4** Den Saum 4 cm nach innen einschlagen, umbügeln, feststecken. Die Gurtbänder mit 15 cm Abstand zu den Seitennähten und 3,5 cm auf dem nach innen eingeschlagenen Saum anlegen, feststecken. Den Anfang des Webbandes 1 cm einschlagen, an einer Seitennaht anlegen, sodass die untere Kante den Rand des Saums knapp überlappt, feststecken. Das Bandende ebenfalls 1 cm nach innen einschlagen und feststecken. Das Band zuerst an der oberen Kante, knapp an der Leineneinfassung entlang, feststeppen. Die andere Bandseite ebenso annähen.

**5** Die Gurtbänder mit vier Nähten (mit 2 mm Abstand zu den Gurtbandkanten und möglichst genau auf der Naht des Webbandes) annähen. Zur besseren Stabilität entweder mehrfach nähen oder einen Dreifach-Steppstich nutzen (siehe Abb. 2).

**6** Für eine schönere Form des Taschenbodens den Stoff an den Kanten auf Höhe der Ecknaht zusammenfassen und feststecken oder mit Stoffklammern fixieren (siehe Abb. 3). Dann knappkantig absteppen.

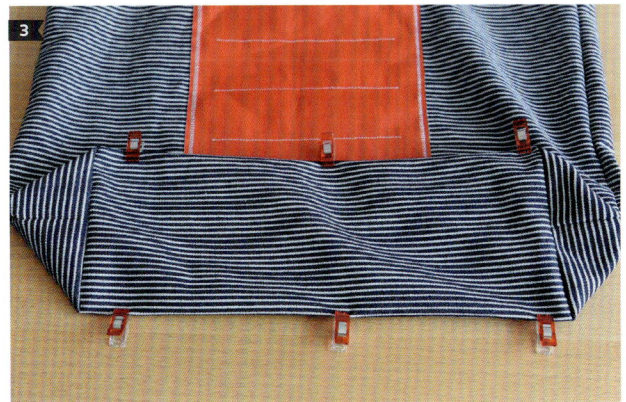

# Für Snacks und Schätze

**KINDERGARTENTASCHE** · 23 x 18 cm, 9 cm tief

## MATERIAL

- Tafelstoff in Rot: 34 cm x 48 cm (Taschenkörper) und 23 x 24 cm (Taschendeckel)
- gemusterter Baumwollpopeline: 34 x 48 cm (Futter), 23 x 24 cm (Taschendeckel), 2-mal 17 x 21 cm (Außentasche) und Stoffstreifen (im schrägem Fadenlauf/45°-Winkel zugeschnitten) ca. 63 x 4,8 cm (Schrägband)
- leichte Schabrackeneinlage (z.B. Vlieseline S 320): 34 x 48 cm und 23 x 24 cm
- Gurtband in Hellblau, 25 mm breit: 100 cm
- Klettband zum Annähen in Weiß (Flausch- und Hakenseite): 5 cm
- schmales, doppelseitiges Klebeband zum Fixieren des Klettbandes
- Schieberegler in Silber, 25 mm breit
- Vierkantring in Silber, 25 mm breit
- Schrägbandformer, 25 mm
- Nähgarn in Weiß und Rot

## SO WIRD'S GEMACHT

**1** Gemäß der Schemazeichnung auf Seite 59 für den Taschenkörper zuschneiden: Tafelstoff, Baumwollpopeline (Futter) und Schabrackeneinlage jeweils 1-mal im Stoffbruch. Gemäß der Vorlage für den Taschendeckel auf Seite 60 jeweils 1-mal Tafelstoff, Baumwollpopeline und Schabrackeneinlage zuschneiden. Die Außentasche gemäß der Vorlage auf Seite 60 2-mal aus Baumwollpopeline zuschneiden.

**2** Die Schabrackeneinlage nach Herstellerangaben auf die linke Seite der Tafelstoffzuschnitte für Taschenkörper und Deckel bügeln und anschließend gut auskühlen lassen.

**3** Weißes Garn in die Nähmaschine fädeln. Die Flauschseite des Klettbandes mittig und mit 4 cm Abstand zur unteren Rundung mit doppelseitigem Klebeband auf die rechte Seite des Baumwollpopelines für den Taschendeckel kleben und rundherum mit einem Steppstich annähen.

**4** Rotes Nähgarn einfädeln. Beide Taschendeckelzuschnitte (1-mal Tafelstoff, 1-mal Baumwollpopeline) links auf links legen und rundherum knappkantig zusammensteppen.

**5** Den Stoffstreifen mit schrägem Fadenlauf nach Herstellerangaben mithilfe des Schrägbandformers und eines Bügeleisens formen.

**6** Das Schrägband aufklappen und rechts auf rechts an einer Seite des Taschendeckels auf der Tafelstoffseite anlegen, sodass die Kanten bündig übereinanderliegen. In der Bügelfalte feststecken und genau in der Bügelfalte mit einem kleinen Steppstich annähen.

**7** Das Schrägband auf der Baumwollstoffseite in Richtung Kante klappen und entlang der versteckten Naht glatt bügeln (ohne dabei den Falz wegzubügeln). Um die Stoffkanten auf die Tafelstoffseite legen und feststecken. Das Schrägband dazu glatt ziehen. Vor allem in den Rundungen möglichst ohne Falten anlegen und gut feststecken. Das Band Stück für Stück mit etwa 2 mm Nahtzugabe und einem kurzen Steppstich annähen (so verläuft die Naht auf der Rückseite ebenfalls auf dem Schrägband).

**8** Die beiden Baumwollzuschnitte für die Außentasche rechts auf rechts legen. Mit rotem Nähgarn und einer Nahtzugabe von 1 cm an den Seiten und der Rundung zusammensteppen. Durch die offene, gerade Kante wenden. Beide Stoffstücke an der Wendeöffnung 1 cm nach innen umschlagen, knappkantig absteppen.

**9** Weißes Nähgarn einfädeln. Die Hakenseite des Klettbandes mittig und mit 7 cm Abstand zur unteren Rundung mit doppelseitigem Klebeband auf die Außentasche kleben. Rundherum mit einem Steppstich annähen.

**10** Rotes Nähgarn einfädeln. Die Außentasche mittig mit 3 cm Abstand zur oberen Kante auf die rechte Seite des Tafelstoffzuschnitts für den Taschenkörper legen und feststecken. An den Seiten und der unteren Rundung mit einem Steppstich knappkantig annähen.

**11** Den Tafelstoffzuschnitt für den Taschenkörper im Stoffbruch rechts auf rechts legen und mit Stoffklammern fixieren. Die Seitennähte mit 1 cm Nahtzugabe absteppen. Die Ecken zusammennehmen, mit Stoffklammern befestigen und mit 1 cm Nahtzugabe schließen. Die Nahtzugaben auf etwa 0,5 cm kürzen.

**12** Das Baumwollfutter für den Taschenkörper auf die gleiche Weise zusammennähen.

**13** Den Taschenkörper aus Tafelstoff auf rechts wenden. 10 cm vom Gurtband abschneiden. Den Vierkantring einschieben. Das Gurtband zu einer Schlaufe legen – und zwar so, dass ein Ende etwa 1,5 cm umgeschlagen ist. Das andere Ende liegt bündig auf Stoß. Mit doppelseitigem Klebeband fixieren. Die Schlaufe mit doppelseitigem Klebeband mittig und mit 6 cm Abstand zur Kante (untere Kante der Gurtbandschlaufe) auf der linken Seitennaht des Taschenkörpers ankleben. Das Gurtband mit einem Steppstich in einem etwa 2 x 2 cm großen Quadrat und diagonalen Nähten am unteren Ende der Gurtbandschlaufe annähen. Für eine gute Stabilität die Nähte am besten mehrfach nähen.

**14** Das lange Gurtband auf der rechten Seitennaht des Tafelstoff-Taschenkörpers annähen. Ein Ende dazu etwa 2,5 cm nach innen umschlagen, mit doppelseitigem Klebeband fixieren. Das Gurtbandende mit doppelseitigem Klebeband mittig und mit 6 cm Abstand zur Kante (untere Kante des Gurtbandumschlags) ankleben. Das Gurtband mit einem Steppstich in einem etwa 2 x 2 cm großen Quadrat und diagonalen Nähten am umgeschlagenen Gurtbandende annähen.

**15** Den Tafelstoff wieder auf links wenden. Den Tafelstoff und das Futter rechts auf rechts ineinanderstülpen. Die Seitennähte liegen genau übereinander. Mit Stoffklammern an den Kanten bündig befestigen. Beide Stoffstücke mit 1 cm Nahtzugabe zusammensteppen. Dabei auf der Rückseite (ohne Außentasche) jeweils nur bis etwa 3,5 cm Abstand zur Seitennaht nähen.

**16** Die Tasche wenden und bügeln. Dabei an der Wendeöffnung den Tafelstoff und das Futter jeweils 1 cm nach innen umschlagen, sodass eine durchgängige Kante entsteht.

**17** Den Deckel 1,5 cm tief und mit jeweils 4,5 cm Abstand zu den Seitennähten in den Schlitz einlegen, feststecken und mit einem Steppstich festnähen.

**18** Die Taschenkante gleichzeitig rundherum 0,5 cm breit absteppen.

**19** Das lange Gurtbandende durch den Schieberegler fädeln. Das Ende durch den Vierkantring schieben und wieder zurück in den Schieberegler. Das Ende nach dem zweiten Durchfädeln etwa 3 cm lang auf die Gurtbandrückseite legen. Durch mehrmaliges Nähen mit einem Zickzackstich auf der Gurtschlaufe befestigen.

**SCHEMAZEICHNUNG**

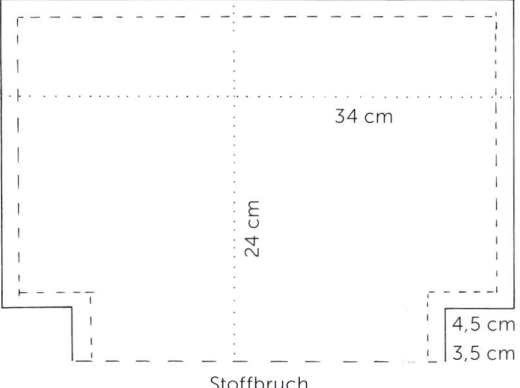

34 cm

24 cm

4,5 cm
3,5 cm

Stoffbruch

Bitte alle Vorlagen auf Seite 60 und 61 auf 200 % vergrößern.

# Vorlagen

**KOSMETIKTÄSCHCHEN**
Seite 12

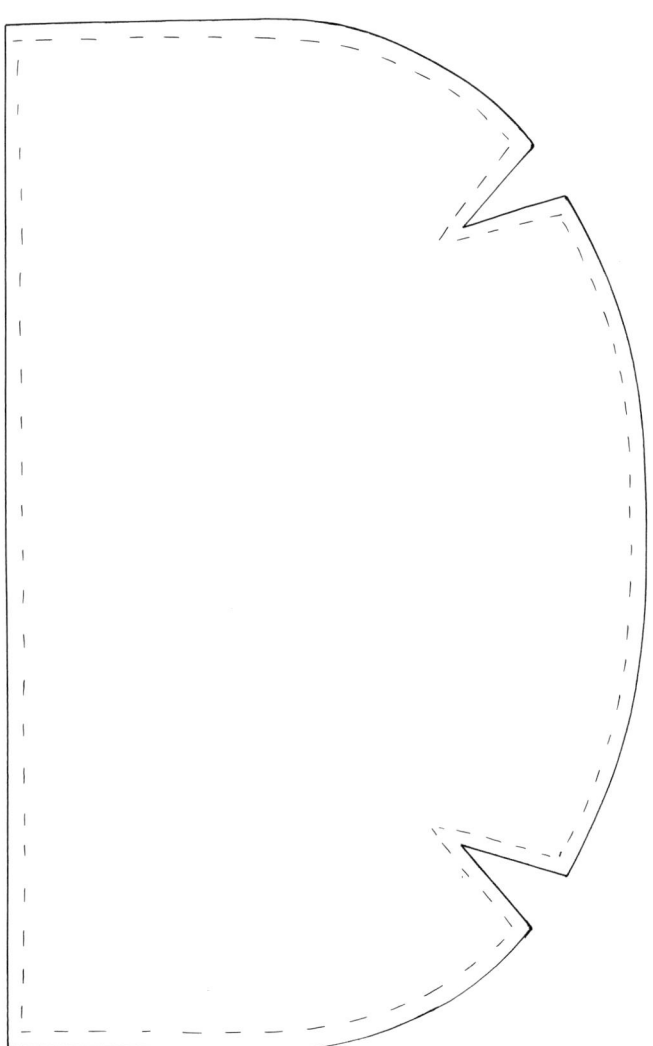

**CD-HÜLLE**
Seite 20

**KINDERGARTENTASCHE**
Seite 56, Außentasche

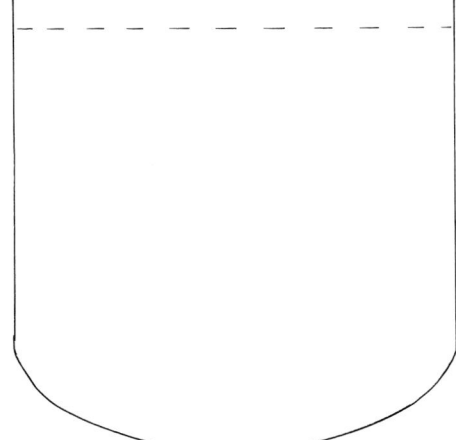

**KINDERGARTENTASCHE**
Seite 56, Taschendeckel

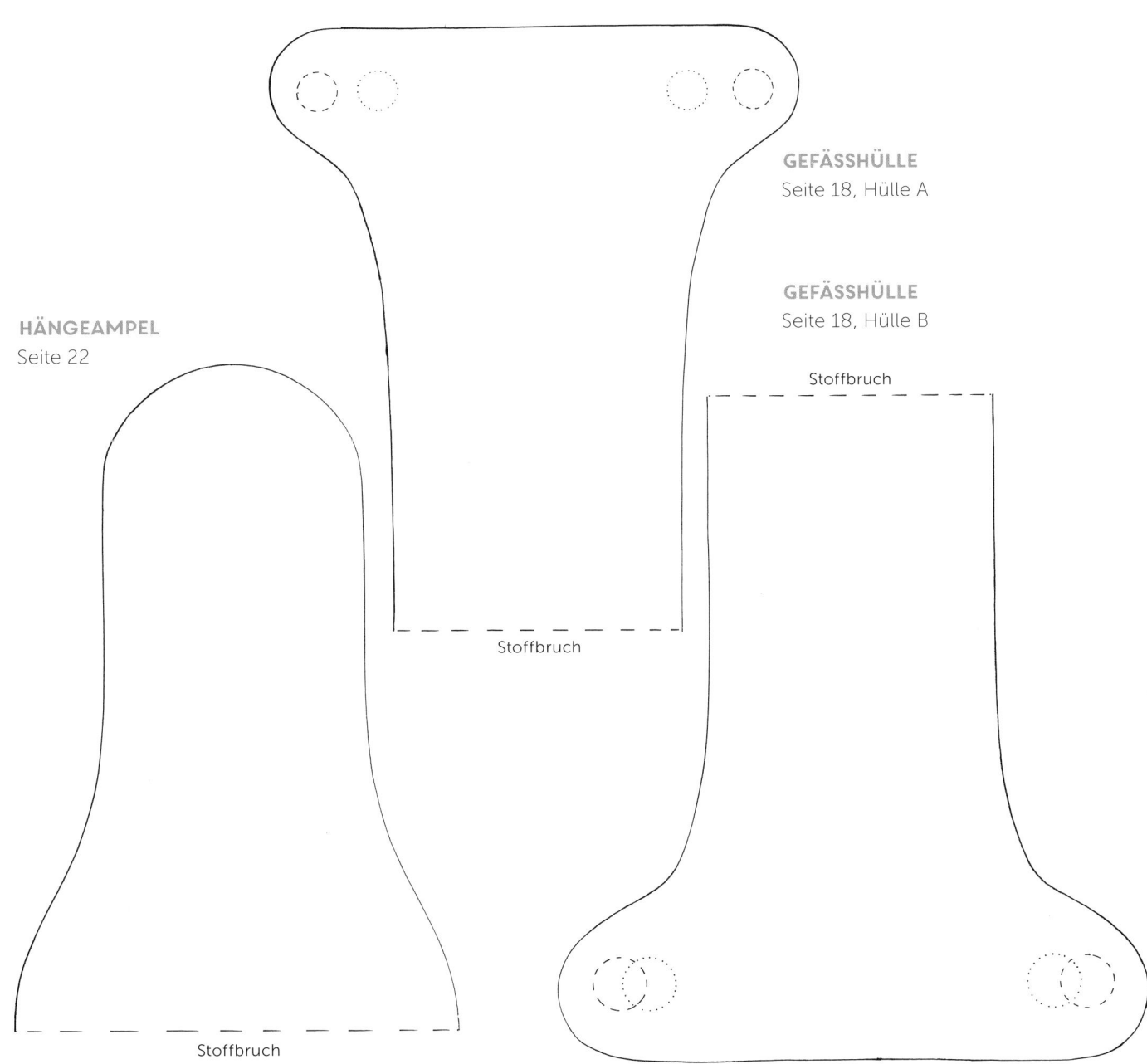

GEFÄSSHÜLLE
Seite 18, Hülle A

GEFÄSSHÜLLE
Seite 18, Hülle B

HÄNGEAMPEL
Seite 22

Stoffbruch

Stoffbruch

Stoffbruch

# IMPRESSUM

**ENTWÜRFE, REALISATION, TEXT UND FOTOS:** Jutta Nowak
**REDAKTION:** Xenia Kuczera
**LEKTORAT:** Regina Sidabras
**GESAMTGESTALTUNG UND SATZ:** Grafikwerk Freiburg
**REPRODUKTION:** RTK & SRS mediagroup GmbH
**DRUCK UND VERARBEITUNG:** Neografia, Slowakei

© 2017 Christophorus Verlag GmbH & Co. KG, Rheinfelden

ISBN 978-3-8410-6447-9
Art.-Nr. 6447

Die gezeigten Materialien sind zeitlich unverbindlich. Der Verlag übernimmt für Verfügbarkeit und Lieferbarkeit keine Gewähr und keine Haftung.
Farbe und Helligkeit der in diesem Buch gezeigten Stoffe, Materialien und Modelle können von den jeweiligen Originalen abweichen. Die bildliche Darstellung ist unverbindlich. Der Verlag übernimmt keine Gewähr und keine Haftung.

## HERSTELLER

- Halbach Seidenbänder GmbH, Remscheid
  www.halbach-seidenbaender.com
- Stoff und Stil Deutschland GmbH, Halstenbek
  www.stoffundstil.de
- Stoffwelten GmbH, Lichtenau
  www.stoffwelten.de
- Prym Consumer Europe GmbH, Stolberg
  www.prym-consumer.com
- Freudenberg Performance Materials Apparel SE & Co. KG,
  Vertrieb Vlieseline, Weinheim
  www.vlieseline.com

 Kreativ-Service

Sie haben Fragen zu den Büchern und Materialien? Frau Erika Noll ist für Sie da und berät Sie rund um alle Kreativthemen. Rufen Sie an! Wir interessieren uns auch für Ihre eigenen Ideen und Anregungen. Sie erreichen Frau Noll per E-Mail: **mail@kreativ-service.info** oder Tel.: **+49 (0) 5052 / 91 18 58**

Besuchen Sie uns im Internet: **www.christophorus-verlag.de**

# Gestalte deine Welt!

**Näh Dir Dein Kleid**
€ [D] 16,99 / € [A] 17,50* / ISBN 978-3-8410-6399-1

**Taschenlieblinge selber nähen**
€ [D] 16,99 / € [A] 17,50* / ISBN 978-3-8410-6356-4

**Auf Socken um die Welt**
€ [D] 12,99 / € [A] 13,40* / ISBN 978-3-8410-6367-0

**Das Nähbuch für Kinder**
€ [D] 12,99 / € [A] 13,40* / ISBN 978-3-8410-6435-6

**Fantastische Natur**
€ [D] 12,99 / € [A] 13,40* / ISBN 978-3-86230-362-5

**Dein Fingerstempelbuch**
€ [D] 9,99 / € [A] 10,30* / ISBN 978-3-86230-328-1

**Deko-Natur**
€ [D] 14,99 / € [A] 15,50* / ISBN 978-3-8388-3612-6

**DIY-Ideen für Ihr Zuhause**
€ [D] 19,99 / € [A] 20,60* / ISBN 978-3-95440-006-5

**Kreativ mit Beton**
€ [D] 9,99 / € [A] 10,30* / ISBN 978-3-8388-3614-0